谚语，诗经，对联

Chinese Proverbs, Classic of Poetry, Chinese Couplets

Translated by Donia Davia Zhang

Chinese Culture Publishing

CHINESE PROVERBS, CLASSIC OF POETRY, CHINESE COUPLETS

First edition. August 8, 2025.

ISBN: 978-1-7782861-8-6

Translated by Donia Davia Zhang.

Contents

Part 1

Chinese Proverbs on Life and Happiness

Chinese Proverbs About Learning

一寸光阴一寸金，寸金难买寸光阴。

Yí cùn guāng yīn yí cùn jīn, cùn jīn nán mǎi cùn guāng yīn.

An hour of time is like an ounce of gold,

But an ounce of gold cannot buy an hour of time.

学如逆水行舟，不进则退。

Xué rú nì shuĭ xíng zhōu, bú jìn zé tuì.

Learning is like sailing a boat against the current,

It must forge ahead, or it will be driven back.

少壮不努力，老大徒伤悲。

Shào zhuàng bù nǔ lì, lǎo dà tú shāng bēi.

If one does not make great effort in their youth,

They will regret it in their old age.

只要功夫深，铁杵磨成针。

Zhǐ yào gōng fu shēn, tiě chǔ mó chéng zhēn.

If enough effort is made,

A steel post can be ground into a needle.

刀不磨要生锈，人不学要落后。

Dāo bù mó yào shēng xiù, rén bù xué yào luò hòu.

A knife will rust if not sharpened,

People will fall behind if not learning.

行百里者则半九十。

Xíng bǎi lǐ zhě zé bàn jiǔ shí.

If one wants to walk a hundred miles,

Ninety is only halfway.

天下无难事，只要有心人。

Tiān xià wú nán shì, zhǐ yào yǒu xīn rén.

Nothing is too difficult,
If one puts their heart into it.

万事开头难。

Wàn shì kāi tóu nán.

Everything is most difficult in the beginning.

船到桥头自然直。

Chuán dào qiáo tóu zì rán zhí.

The boat will naturally turn straight
when it hits the bridge.

吃一堑，长一智。

Chī yí qiàn, zhǎng yí zhì.

A fall into the pit,

A gain in your wit.

书山有路勤为径，学海无涯苦作舟。

Shū shān yǒu lù qín wèi jìng, xué hǎi wú yá kǔ zuò zhōu.

Diligence is the shortcut in the path of learning,
Studying is like sailing a boat in the sea
without seeing the coast.

书到用时方恨少，事非经过不知难。

Shū dào yòng shí fāng hèn shǎo, shì fēi jīng guò bù zhī nán.

Regret not having read more
when knowledge is necessary.
Not knowing a difficulty
without experiencing it.

蜂采百花酿甜蜜，人读群书明真理。

Fēng cǎi bǎi huā niàng tián mì, rén dú qún shū míng zhēn lǐ.

The bee picks a hundred flowers to make sweet honey,

People read abundant books to know the truth.

Chinese Proverbs About Friendship

千里送鹅毛，礼轻人意重。

Qiān lǐ sòng é máo, lǐ qīng rén yì zhòng.

To deliver a goose feather a thousand miles,
The gift is light, but the thought has heavy weight.

受人滴水之恩，当以涌泉相报。

Shòu rén dī shuǐ zhī ēn, dāng yǐ yǒng quán xiāng bào.

Receiving a small kindness like a drop of water,
Returning it in a great deal is like a torrent.

酒逢知己千杯少，话不投机半句多。

Jiǔ féng zhī jǐ qiān bēi shǎo, huà bù tóu jī bàn jù duō.

A thousand glasses of wine are not enough
when bosom friends meet.
Half a sentence is too much
when disagreeable people chat.

宁和一个明白人打顿架，

不和一个糊涂人说句话。

Níng hé yí gè míng bái rén dǎ dùn jià,

bù hé yí gè hú tú rén shuō jù huà.

Rather quarrel with a sensible person

than speak a word with a fool.

听其言，更要观其行。

Tīng qí yán, gèng yào guān qí xíng.

Listen to his words,

But watch his actions.

路遥知马力，日久见人心。

Lù yáo zhī mǎ lì, rì jiǔ jiàn rén xīn.

Distance tests the strength of the horse,
Time tests the sincerity of the heart.

浪子回头金不换。

Làng zǐ huí tóu jīn bú huàn.

Gold cannot be exchanged for
The return of the prodigal.

属于你的跑不了，不属于你的得不到。

Shǔ yú nǐ de pǎo bù liǎo, bù shǔ yú nǐ de dé bù dào.

You will not lose anything that belongs to you,
You will not gain anything that does not belong to you.

若要人不知，除非己莫为。

Ruò yào rén bù zhī, chú fēi jǐ mò wèi.

The only way to make others not know,

It is not to do it.

穷在闹市无人问，富在深山有远亲。

Qióng zài nào shì wú rén wèn, fù zài shēn shān yǒu yuǎn qīn.

The poor who live in the busiest streets
Have no one asks after.
The rich who live in the deep forests
Have lots of distant relations.

Chinese Proverbs About Health

忠言逆耳利于行，良药苦口利于病。

Zhōng yán nì ěr lì yú xíng, liáng yào kǔ kǒu lì yú bìng.

Good advice jars on the ears
But benefits the deeds.
Good medicine tastes bitter
But cures the disease.

冬吃萝卜夏吃姜，不用医生开药方。

Dōng chī luó bo xià chī jiāng, bú yòng yī shēng kāi yào fāng.

Eating radish in winter and ginger in summer,

Will not require you to see a doctor.

伤筋动骨一百天。

Shāng jīn dòng gǔ yì bǎi tiān.

It takes a hundred days to recover from muscle or bone injury.

要想人长寿，多吃豆腐少吃肉。

Yào xiǎng rén cháng shòu, duō chī dòu fu shǎo chī ròu.

If you want to live longer,
Eat more *tofu* and less meat.

饭后百步走，活到九十九。

Fàn hòu bǎi bù zǒu, huó dào jiǔ shí jiǔ.

Walk a hundred steps after each meal,
One will live to ninety-nine years old.

福如东海，寿比南山。

Fú rú dōng hǎi, shòu bǐ nán shān.

May your good fortune be as vast as the East Sea,
May your longevity match that of the South Mountain.

Chinese Proverbs About Life

笑一笑，十年少；愁一愁，白了头。

Xiào yí xiào, shí nián shào; chóu yì chóu, bái le tóu.

Smile makes one ten years younger,

Stress makes one grow white hair.

少年休笑白头翁，花开能有几时红。

Shào nián xiū xiào bái tóu wēng, huā kāi néng yǒu jǐ shí hóng.

Juveniles should not laugh at white hair,
Flowers have only blossomed for a few years.

塞翁失马，焉知非福。

Sài wēng shī mǎ, yān zhī fēi fú.

The old man at the frontier lost his horse,
But how do you know that this isn't good fortune?

没有远虑，必有近忧。

Méi yǒu yuǎn lǜ, bì yǒu jìn yōu.

Where there is no foresight,

There are worries.

腰缠万贯不如一技在身。

Yāo chán wàn guàn bù rú yí jì zài shēn.

It is better to have a skill than to have
A million dollars in your pocket.

一个和尚担水吃，

两个和尚抬水吃，

三个和尚没水吃。

Yí gè hé shàng dān shuǐ chī,

Liǎng gè hé shàng tái shuǐ chī,

Sān gè hé shàng méi shuǐ chī.

One monk fetches water to drink,

Two monks carry water to drink,

Three monks have no water to drink.

(People tend to shirk responsibility)

吃尽苦中苦，方为人上人。

Chī jìn kǔ zhōng kǔ, fāng wéi rén shàng rén.

Eat the bitterest of the bitterest,
Reach the highest of the highest.
(Experience the worst of the worst,
Then become the best of the best)

王婆卖瓜，自卖自夸。

Wáng pó mài guā, zì mài zì kuā.

The old woman who sells her melons,
Must praise their sweetness.

买的总没有卖的精。

Mǎi de zǒng méi yǒu mài de jīng.

The buyer can never be

as smart as the seller.

人往高处走，水往低处流。

Rén wǎng gāo chù zǒu, shuǐ wǎng dī chù liú.

People climb upwards,

Water runs downwards.

纸里包不住火。

Zhǐ lǐ bāo bú zhù huǒ.

Paper cannot wrap fire.

无风不起浪。

Wú fēng bù qǐ làng.

没有不透风的墙。

Méi yǒu bú tòu fēng de qiáng.

No waves without wind.

No wall without a crack.

天道酬勤

Tiān dào chóu qín

地道酬善

Dì dào chóu shàn

人道酬诚

Rén dào chóu chéng

家道酬和

Jiā dào chóu hé

商道酬信

Shāng dào chóu xìn

业道酬精

Yè dào chóu jīng

The way of heaven is to reward diligence.

The way of earth is to reward kindness.

The way of humans is to reward sincerity.

The way of family is to reward harmony.

The way of business is to reward trust.

The way of career is to reward excellence.

量小非君子，无度不丈夫。

Liàng xiǎo fēi jūn zǐ, wú dù bú zhàng fū.

You are not a virtuous person without forbearance,

You are not a gentleman without tolerance.

大雪压青松，青松挺更直。

Dà xuě yā qīng sōng, qīng sōng tǐng gèng zhí.

Snow falling on the cedars,
The cedars stand even more upright.

冰冻三尺非一日之寒。

Bīng dòng sān chǐ fēi yí rì zhī hán.

The ice froze three feet deep,
It is not due to one day’s cold.

人不可貌相，海水不可斗量。

Rén bù kě mào xiàng, hǎi shuǐ bù kě dǒu liáng.

You cannot judge a person by their appearance,

Just as you cannot measure ocean water using a bucket.

海阔凭鱼跃，天高任鸟飞。

Hǎi kuò píng yú yuè, tiān gāo rèn niǎo fēi.

The broad ocean lets the fish swim freely,
The high skies allow the birds to fly freely.

朝霞不出门，晚霞行千里。

Zhāo xiá bù chū mén, wǎn xiá xíng qiān lǐ.

Do not go out when you see red clouds in the morning,
But you can travel a thousand miles
when you see red clouds in the evening.

Chinese Proverbs About Happiness

情人眼里出西施。

Qíng rén yǎn lǐ chū xī shī.

Beauty comes from the lover's eye.

(Beauty is in the eye of the beholder)

家和万事兴。

Jiā hé wàn shì xīng.

A harmonious family,

Forebodes prosperity.

Part 2

Classic of Poetry on Love and Marriage

关关雎鸠，在河之洲。

Guān guān jū jiū, zài hé zhī zhōu.

窈窕淑女，君子好逑。

Yǎo tiǎo shū nǚ, jūn zǐ hào qiú.

参差荇菜，左右芼之。

Cēn cī xìng cài, zuǒ yòu mào zhī.

窈窕淑女，钟鼓乐之。

Yǎo tiǎo shū nǚ, zhōng gǔ yuè zhī.

–《诗经·国风·周南·关雎》

– "Shī jīng·guó fēng·zhōu nán·guān jū"

The singing of male and female ospreys,
Responds to each other in the river.
That beautiful and virtuous woman,
Gentlemen like to gather around her.
Choose uneven waterweed
From the left and right sides of the boat.
That beautiful and dignified lady
Is amused by the music of bells and drums.

— "*Shi Jing (Classic of Poetry): Guo Feng (Airs of the State): Zhou Nan (South of the Periphery): Guan Ju (Ospreys)*"

桃之夭夭，灼灼其华。

Táo zhī yāo yāo, zhuó zhuó qí huá.

之子于归，宜其室家。

Zhī zǐ yú guī, yí qí shì jiā.

桃之夭夭，其叶蓁蓁。

Táo zhī yāo yāo, qí yè zhēn zhēn.

之子于归，宜其家人。

Zhī zǐ yú guī, yí qí jiā rén.

–《诗经・国风・周南・桃夭》

– “Shī jīng·guó fēng·zhōu nán·táo yāo”

Thousands of peach blossoms are in full bloom,
The bright red colors are like fire.
The newly married girl has returned home,
The couple are happy and harmonious.
Thousands of peach blossoms are in full bloom,
The peach leaves are truly lush.
The newly married girl has returned home,
The couple really harmonizes with the family.

— "*Shi Jing (Classic of Poetry): Guo Feng (Airs of the State): Zhou Nan (South of the Periphery): Tao Yao (Peach Blossoms)*"

维鹊有巢，维鸠居之。

Wéi què yǒu cháo, wéi jiū jū zhī.

之子于归，百两御之。

Zhī zǐ yú guī, bǎi liǎng yù zhī.

维鹊有巢，维鸠盈之。

Wéi què yǒu cháo, wéi jiū yíng zhī.

之子于归，百两成之。

Zhī zǐ yú guī, bǎi liǎng chéng zhī.

–《诗经 • 国风 • 召南 • 鹊巢》

– "Shī jīng·guó fēng·shào nán·què cháo"

The magpies build a nest,
Cuckoos come to live in it.
The girl is getting married,
The carriages came to greet her.
The magpies build a nest,
Cuckoos come to fill it.
The girl is getting married,
The carriages completed her trip.

— "*Shi Jing (Classic of Poetry): Guo Feng (Airs of the State): Shao Nan (Southern Region ruled by Shao Gong): Que Chao (Magpie's Nest)*"

摽有梅，其实七兮。

Biào yǒu méi, qí shí qī xī.

求我庶士，迨其吉兮。

Qiú wǒ shù shì, dài qí jí xī.

摽有梅，其实三兮。

Biào yǒu méi, qí shí sān xī.

求我庶士，迨其今兮。

Qiú wǒ shù shì, dài qí jīn xī.

–《诗经 • 国风 • 召南 • 摽有梅》

– “Shī Jīng·guó fēng·shào nán·biào yǒu méi”

The plums are falling to the ground,
Only seventy percent remain on the trees.
The young man who wants to marry me,
Take advantage of the auspicious date.
The plums are falling to the ground,
Only thirty percent remain on the trees.
The young man who wants to marry me,
Take advantage of the prosperous day.

— "*Shi Jing (Classic of Poetry): Guo Feng (Airs of the State): Shao Nan (Southern Region ruled by Shao Gong): Biao You Mei (Falling Plums)*"

何彼襛矣，唐棣之华？

Hé bǐ nóng yǐ, táng dì zhī huá?

曷不肃雝？王姬之车。

Hé bú sù yōng? Wáng jī zhī chē.

何彼襛矣，华如桃李？

Hé bǐ nóng yǐ, huá rú táo lǐ?

平王之孙，齐侯之子。

Píng wáng zhī sūn, qí hóu zhī zǐ.

–《诗经 • 国风 • 召南 • 何彼襛矣》

– "Shī Jīng·guó fēng·shào nán·hé bǐ nóng yǐ"

Why are the trees so colorful?
Because Chinese serviceberry flowers are blooming.
Why is it so noisy and less tranquil?
Because King Ping of Zhou's granddaughter's
Wedding carriage is astonishing.
Why are the trees so colorful?
Because the peach and plum blossoms are delicate.
King Ping of Zhou's granddaughter is so beautiful,
And Marquis Qi's son is so handsome.

— *"Shi Jing (Classic of Poetry): Guo Feng (Airs of the State): Shao Nan (Southern Region ruled by Shao Gong): Hebi Nongyi (Why Are the Trees So Colorful)"*

雄雉于飞，泄泄其羽。

Xióng zhì yú fēi, xiè xiè qí yǔ.

我之怀矣，自诒伊阻。

Wǒ zhī huái yǐ, zì yí yī zǔ.

雄雉于飞，下上其音。

Xióng zhì yú fēi, xià shàng qí yīn.

展矣君子，实劳我心。

Zhǎn yǐ jūn zǐ, shí láo wǒ xīn.

–《诗经 • 国风 • 邶风 • 雄雉》

– "Shī Jīng·guó fēng·bèi fēng·xióng zhì"

The male pheasant flies in the air,
Stretching its colorful wings.
I miss my husband so much,
Which brings me sorrow.
The male pheasant flies in the air,
Singing loudly up and down.
My very honest husband,
Who really makes me worry.

— *"Shi Jing (Classic of Poetry): Guo Feng (Airs of the State): Bei Feng (Airs of the Bei State): Xiong Zhi (Male Pheasant)"*

简兮简兮，方将万舞。

Jiǎn xī jiǎn xī, fāng jiāng wàn wǔ.

日之方中，在前上处。

Rì zhī fāng zhōng, zài qián shàng chù.

云谁之思？西方美人。

Yún shuí zhī sī? Xī fāng měi rén.

彼美人兮，西方人兮。

Bǐ měi rén xī, xī fāng rén xī.

–《诗经・国风・邶风・简兮》

– “Shī Jīng·guó fēng·bèi fēng·jiǎn xī”

The drums are beating loudly,
The grand dance is about to start.
The red sun is in the sky,
And the dance leader stands in the front.
Whom am I missing in my heart?
The Western dance leader is heroic.
Oh, that handsome man is from the West.

— *"Shi Jing (Classic of Poetry): Guo Feng (Airs of the State): Bei Feng (Airs of the Bei State): Jian Xi (Loud Drums)"*

蝃蝀在东，莫之敢指。

Dì dōng zài dōng, mò zhī gǎn zhǐ.

女子有行，远父母兄弟。

Nǚ zǐ yǒu xíng, yuǎn fù mǔ xiōng dì.

朝隮于西，崇朝其雨。

Zhāo jī yú xī, chóng zhāo qí yǔ.

女子有行，远兄弟父母。

Nǚ zǐ yǒu xíng, yuǎn xiōng dì fù mǔ.

–《诗经 • 国风 • 鄘风 • 蝃蝀》

– “Shī Jīng·guó fēng·yōng fēng·dì dōng”

A rainbow appears in the east,
But no one dares to point at it.
The girl is getting married,
Away from her parents and siblings.
A morn rainbow appears in the west,
And it drizzles all morning.
The girl is getting married,
Away from her siblings and parents.

— *"Shi Jing (Classic of Poetry): Guo Feng (Airs of the State): Yong Feng (Airs of the Yong State): Di Dong (Rainbow)"*

考槃在涧，硕人之宽。

Kǎo pán zài jiàn, shuò rén zhī kuān.

独寐寤言，永矢弗谖。

Dú mèi wù yán, yǒng shǐ fú xuān.

考槃在陆，硕人之轴。

Kǎo pán zài lù, shuò rén zhī zhóu.

独寐寤宿，永矢弗告。

Dú mèi wù sù, yǒng shǐ fú gào.

–《诗经 • 国风 • 卫风 • 考槃》

– "Shī Jīng·guó fēng·wèi fēng·kǎo pán"

A recluse built a wooden house
in the mountains and streams and lives in it.
Sleeping, waking up, and speaking alone,
He can always remember the joy.
A recluse built a wooden house
on the plateau and lingers around it.
Sleeping, waking up, and resting alone,
His words cannot express this joy.

— *"Shi Jing (Classic of Poetry): Guo Feng (Airs of the State): Wei Feng (Airs of the Wei State): Kao Pan (Recluse)"*

投我木瓜，报之琼琚。

Tóu wǒ mù guā, bào zhī qióng jū.

匪报也，永以为好！

Fěi bào yě, yǒng yǐ wéi hǎo!

投我木桃，报之琼瑶。

Tóu wǒ mù táo, bào zhī qióng yáo.

匪报也，永以为好！

Fěi bào yě, yǒng yǐ wéi hǎo!

–《诗经 • 国风 • 卫风 • 木瓜》

– "Shī Jīng·guó fēng·wèi fēng·mù guā"

You throw me a Chinese quince,

I will give you a jade pendant in return.

It is not just to thank you,

But to cherish affection and love forever.

You throw me a Chinese quince,

I will give you an elegant jade in return.

It is not just to thank you,

But to cherish affection and love forever.

— *"Shi Jing (Classic of Poetry): Guo Feng (Airs of the State): Wei Feng (Airs of the Wei State): Mugua (Chinese Quince)"*

青青子衿，悠悠我心。

Qīng qīng zǐ jīn, yōu yōu wǒ xīn.

纵我不往，子宁不嗣音？

Zòng wǒ bù wǎng, zǐ níng bú sì yīn?

青青子佩，悠悠我思。

Qīng qīng zǐ pèi, yōu yōu wǒ sī.

纵我不往，子宁不来？

Zòng wǒ bù wǎng, zǐ níng bù lái?

–《诗经 • 国风 • 郑风 • 子衿》

– “Shī Jīng·guó fēng·zhèng fēng·zǐ jīn”

Green is the color of your clothes,
Calm is the state of my mind.
Although I haven't gone to see you,
Can't you send me a message?
Green is the color of your badge,
Calm is the state of my feelings.
Although I haven't gone to see you,
Can't you come to see me?

— *"Shi Jing (Classic of Poetry): Guo Feng (Airs of the State): Zheng Feng (Airs of the Zheng State): Zi Jin (Your Clothes)"*

出其东门，有女如云。

Chū qí dōng mén, yǒu nǚ rú yún.

虽则如云，匪我思存。

Suī zé rú yún, fěi wǒ sī cún.

缟衣綦巾，聊乐我员。

Gǎo yī qí jīn, liáo lè wǒ yuán.

–《诗经 • 国风 • 郑风 • 出其东门》

– “Shī Jīng·guó fēng·zhèng fēng·chū qí dōng mén”

Coming out of the East Gate of the city,
Beauties are as many as clouds.
Although they are as many as clouds,
None of them make me think about.
Only the girl in plain clothes and green scarf,
Arouses the affection in my heart.

— *"Shi Jing (Classic of Poetry): Guo Feng (Airs of the State): Zheng Feng (Airs of the Zheng State): Chu Qi Dong Men (Coming out of the Eastern Gate of the City)"*

野有蔓草，零露瀼瀼。

Yě yǒu màn cǎo, líng lù ráng ráng.

有美一人，婉如清扬。

Yǒu měi yì rén, wǎn rú qīng yáng.

邂逅相遇，与子偕臧。

Xiè hòu xiāng yù, yǔ zǐ xié zāng.

–《诗经 • 国风 • 郑风 • 野有蔓草》

– "Shī Jīng·guó fēng·zhèng fēng·yě yǒu màn cǎo"

A wild meadow is connected into patches
with dewdrops on the grass.
A beautiful girl with crystal clear eyes
flows into the field quietly.
We meet coincidentally and unexpectedly,
I walk hand in hand with her.

— *"Shi Jing (Classic of Poetry): Guo Feng (Airs of the State):*
Zheng Feng (Airs of the Zheng State):
Ye You Man Cao (Wild Meadow)"

葛屦五两，冠緌双止。

Gé jù wǔ liǎng, guān ruí shuāng zhǐ.

鲁道有荡，齐子庸止。

Lǔ dào yǒu dàng, qí zǐ yōng zhǐ.

既曰庸止，曷又从止？

Jì yuē yōng zhǐ, hé yòu cóng zhǐ?

–《诗经・国风・齐风・南山》

– “Shī Jīng·guó fēng·qí fēng·nán shān”

The grass clothes and flax shoes are in pairs,
The hats and belts are in doubles.
The Lu State Road is wide,
Through which the Qi Princess married her husband.
Since she has become the mother of nations,
Why is she still nostalgic for her homeland?

— *"Shi Jing (Classic of Poetry): Guo Feng (Airs of the State): Qi Feng (Airs of the Qi State): Nan Shan (South Mountain)"*

彼汾一曲，言采其藚。

Bǐ fén yì qǔ, yán cǎi qí xù.

彼其之子，美如玉。

Bǐ qí zhī zǐ, měi rú yù.

美如玉，殊异乎公族。

Měi rú yù, shū yì hū gōng zú.

–《诗经 • 国风 • 魏风 • 汾沮洳》

– “Shī Jīng·guó fēng·wèi fēng·fén jù rù”

At the bend of the Fen River,
A young man is busy picking alisma.
The hardworking young man's conduct,
is as handsome as jade.
He is as handsome as jade,
so different from those in noble families.

— *"Shi Jing (Classic of Poetry): Guo Feng (Airs of the State): Wei Feng (Airs of the Wei State): Fen Juru (Lower Reaches of the Fen River)"*

蒹葭苍苍，白露为霜。

Jiān jiā cāng cāng, bái lù wéi shuāng.

所谓伊人，在水一方。

Suǒ wèi yī rén, zài shuǐ yì fāng.

溯洄从之，道阻且长。

Sù huí cóng zhī, dào zǔ qiě cháng.

溯游从之，宛在水中央。

Sù yóu cóng zhī, wǎn zài shuǐ zhōng yāng.

–《诗经 • 国风 • 秦风 • 蒹葭》

– “Shī Jīng·guó fēng·qín fēng·jiān jiā”

The reeds by the river are very dense,
The dew in autumn turns into frost.
Where is the woman in my heart?
She lives on the other side of the river.
Going against the flow of water to find her,
The route is dangerous and long.
Following the flow of water to find her,
She seems in the middle of the river.

— *"Shi Jing (Classic of Poetry): Guo Feng (Airs of the State): Qin Feng (Airs of the Qin State): Jian Jia (Reeds)"*

伐柯如何？匪斧不克。

Fá kē rú hé? Fěi fŭ bú kè.

取妻如何？匪媒不得。

Qŭ qī rú hé? Fěi méi bù dé.

伐柯伐柯，其则不远。

Fá kē fá kē, qí zé bù yuăn.

我觏之子，笾豆有践。

Wŏ gòu zhī zĭ, biān dòu yŏu jiàn.

–《诗经 • 国风 • 豳风 • 伐柯》

– "Shī Jīng·guó fēng·bīn fēng·fá kē"

How can you cut the handle of an axe?
You cannot cut it without an axe.
How can you marry a wife?
You cannot marry without a matchmaker.
The way of cutting the handle of an axe,
is not far from your mind.
The way of marrying a wife,
is to see if she can cook for banquet sacrifices.

— *"Shi Jing (Classic of Poetry): Guo Feng (Airs of the State): Bin Feng (Airs of the Bin State): Fa Ke (Cutting Axe Handle)"*

夏之日，冬之夜。

Xià zhī rì, dōng zhī yè.

百岁之后，归于其居。

Bǎi suì zhī hòu, guī yú qí jū.

冬之夜，夏之日。

Dōng zhī yè, xià zhī rì.

百岁之后，归于其室。

Bǎi suì zhī hòu, guī yú qí shì.

–《诗经·国风·唐风·葛生》

– "Shī Jīng·guó fēng·táng fēng·gé shēng"

Without you, the days in summer are tormented,
The nights in winter are unbearable.
One day, I will also turn into a breeze,
And come to meet you in blue heaven.
Without you, the nights in winter are unbearable,
The days in summer are tormented.
One day, I will also turn into dust,
And come to meet you in the treasured land.

— *"Shi Jing (Classic of Poetry): Guo Feng (Airs of the State): Tang Feng (Airs of the Tang State): Ge Sheng (Elegy: An Entangled Relationship)"*

伐木丁丁，鸟鸣嘤嘤。

Fá mù dīng dīng, niǎo míng yīng yīng.

出自幽谷，迁于乔木。

Chū zì yōu gǔ, qiān yú qiáo mù.

嘤其鸣矣，求其友声。

Yīng qí míng yǐ, qiú qí yǒu shēng.

相彼鸟矣，犹求友声。

Xiāng bǐ niǎo yǐ, yóu qiú yǒu shēng.

矧伊人矣，不求友生？

Shěn yī rén yǐ, bù qiú yǒu shēng?

神之听之，终和且平。

Shén zhī tīng zhī, zhōng hé qiě píng.

–《诗经 • 小雅 • 鹿鸣之什 • 伐木》

– “Shī Jīng·xiǎo yǎ·lù míng zhī shí·fá mù”

There are sounds of logging,
And birds singing in harmony.
The birds come out of deep valleys
And fly to the treetops.
Why do birds sing?
Just to seek bosom friends.
Look at that little bird,
Even begging for a blind date.
How can we people not value friendship?
Heavenly spirit, grant me harmony and happiness.

— *"Shi Jing (Classic of Poetry): Xiao Ya (Little Elegance): Lu Ming Zhi Shi (Ten Poems of Deer Screaming): Fa Mu (Logging)"*

妻子好合，如鼓瑟琴。

Qī zǐ hǎo hé, rú gǔ sè qín.

兄弟既翕，和乐且湛。

Xiōng dì jì xī, hé lè qiě zhàn.

宜尔室家，乐尔妻帑。

Yí ěr shì jiā, lè ěr qī tǎng.

是究是图，亶其然乎？

Shì jiū shì tú, dǎn qí rán hū?

–《诗经・小雅・鹿鸣之什・常棣》

– “Shī Jīng·xiǎo yǎ·lù míng zhī shí·cháng dì”

The husband and wife always agree,
Like a melodious concerto.
The brothers are affectionate,
Gathering harmoniously.
The whole family gets along well,
The wife and children live happily.
The roots are considered carefully,
Is that really the case?

— *"Shi Jing (Classic of Poetry): Xiao Ya (Little Elegance): Lu Ming Zhi Shi (Ten Poems of Deer Screaming): Chang Di (Prunus Japonica)"*

如月之恒，如日之升。

Rú yuè zhī héng, rú rì zhī shēng.

如南山之寿，不骞不崩。

Rú nán shān zhī shòu, bù qiān bù bēng.

如松柏之茂，无不尔或承。

Rú sōng bǎi zhī mào, wú bù ěr huò chéng.

–《诗经 • 小雅 • 鹿鸣之什 • 天保》

– “Shī Jīng·xiǎo yǎ·lù míng zhī shí·tiān bǎo”

You are like the enduring moon in the sky,
You are like the rising sun in the east.
Your longevity is like the south mountain,
You will never lose or collapse.
You flourish like pines and cypresses,
You inherit good fortunes and blessings.

— *"Shi Jing (Classic of Poetry): Xiao Ya (Little Elegance): Lu Ming Zhi Shi (Ten Poems of Deer Screaming): Tian Bao (Heavenly Blessings)"*

菁菁者莪，在彼中沚。

Jīng jīng zhě é, zài bǐ zhōng zhǐ.

既见君子，我心则喜。

Jì jiàn jūn zǐ, wǒ xīn zé xǐ.

泛泛杨舟，载沉载浮。

Fàn fàn yáng zhōu, zài chén zài fú.

既见君子，我心则休。

Jì jiàn jūn zǐ, wǒ xīn zé xiū.

–《诗经 • 小雅 • 南有嘉鱼之什 • 菁菁者莪》

– "Shī Jīng·xiǎo yǎ·nán yǒu jiā yú zhī shí·jīng jīng zhě é"

The verdant artemisia is growing
in clusters on the small islands.
I have seen that gentleman,
My heart is full of joy and happiness.
The poplar boat on the rippling water
Drifts along with the waves.
I have seen that gentleman,
My heart is full of joy without worries.

— *"Shi Jing (Classic of Poetry): Xiao Ya (Little Elegance): Nan You Jia Yu Zhi Shi (Ten Poems of Char Fish in the South): Jing Jing Zhe E (Verdant Artemisia)"*

吉甫燕喜，既多受祉。

Jí Fǔ yàn xǐ, jì duō shòu zhǐ.

来归自镐，我行永久。

Lái guī zì gǎo, wǒ xíng yǒng jiǔ.

饮御诸友，炰鳖脍鲤。

Yǐn yù zhū yǒu, páo biē kuài lǐ.

侯谁在矣？张仲孝友。

Hóu shuí zài yǐ? Zhāng Zhòng xiào yǒu.

–《诗经·小雅·南有嘉鱼之什·六月》

– “Shī Jīng·xiǎo yǎ·nán yǒu jiā yú zhī shí·liù yuè”

Yin Jifu (826–778 BCE) was entertained,
While the emperor gave him many rewards.
He had returned to his hometown from Haojing,
After many years of expeditions.
The wine cups were filled to toast to friends,
The food was extremely delicious.
Who else had come to the banquet?
My filial friend Zhang Zhong was also present.

— *"Shi Jing (Classic of Poetry): Xiao Ya (Little Elegance): Nan You Jia Yu Zhi Shi (Ten Poems of Char Fish in the South): Liu Yue (June)"*

鸿雁于飞，哀鸣嗷嗷。

Hóng yàn yú fēi, āi míng áo áo.

维此哲人，谓我劬劳。

Wéi cǐ zhé rén, wèi wǒ qú láo.

维彼愚人，谓我宣骄。

Wéi bǐ yú rén, wèi wǒ xuān jiāo.

–《诗经·小雅·鸿雁之什·鸿雁》

– "Shī Jīng·xiǎo yǎ·hóng yàn zhī shí·hóng yàn"

Swan geese fly in the air, whining and howling.
Only the wise know I am singing for my hard work.
Only the fools say I am complaining in my spare time.

— *"Shi Jing (Classic of Poetry): Xiao Ya (Little Elegance): Hong Yan Zhi Shi (Ten Poems of Swan Geese): Hong Yan (Swan Geese)"*

似续妣祖，筑室百堵，西南其户。

Sì xù bǐ zǔ, zhù shì bǎi dǔ, xī nán qí hù.

爰居爰处，爰笑爰语。

Yuán jū yuán chù, yuán xiào yuán yǔ.

–《诗经・小雅・鸿雁之什・斯干》

– “Shī Jīng·xiǎo yǎ·hóng yàn zhī shí·sī gān”

To carry forward the legacy of our ancestors,
We have planned to build a magnificent palace,
To open the gate in the southwest of the complex.
Where the family would live together in harmony,
And our daily laughter would make the world envy.

— *"Shi Jing (Classic of Poetry): Xiao Ya (Little Elegance): Hong Yan Zhi Shi (Ten Poems of Swan Geese): Si Gan (Stream)"*

维天有汉，监亦有光。

Wéi tiān yǒu hàn, jiān yì yǒu guāng.

跂彼织女，终日七襄。

Qí bǐ zhī nǚ, zhōng rì qī xiāng.

虽则七襄，不成报章。

Suī zé qī xiāng, bù chéng bào zhāng.

睆彼牵牛，不以服箱。

Huǎn bǐ qiān niú, bù yǐ fú xiāng.

–《诗经・小雅・谷风之什・大东》

– “Shī Jīng·xiǎo yǎ·gǔ fēng zhī shí·dà dōng”

Look at the Milky Way in the sky,
Like sparkling and shining water.
I have seen Vega Star (Weaver Girl),
Who is busy moving seven times a day.
Although moving seven times a day,
She cannot weave a scenic pattern.
Look at the Altair Star (Cowherd),
He cannot drive a carriage properly.

— *"Shi Jing (Classic of Poetry): Xiao Ya (Little Elegance): Gu Feng Zhi Shi (Ten Poems of Wind of Growth): Da Dong (Great East)"*

无将大车，祇自尘兮。

Wú jiāng dà jū, zhǐ zì chén xī.

无思百忧，祇自疷兮。

Wú sī bǎi yōu, zhǐ zì qí xī.

无将大车，维尘冥冥。

Wú jiāng dà jū, wéi chén míng míng.

无思百忧，不出于颎。

Wú sī bǎi yōu, bù chū yú jiǒng.

–《诗经・小雅・谷风之什・无将大车》

– "Shī Jīng·xiǎo yǎ·gǔ fēng zhī shí·wú jiāng dà jū"

Do not push that heavy carriage,
As it only gets dusty.
Do not worry about those things,
As it only causes pain.
Do not push that heavy carriage,
As it is covered with dust.
Do not worry about those things,
As one may get sick.

— *"Shi Jing (Classic of Poetry): Xiao Ya (Little Elegance): Gu Feng Zhi Shi (Ten Poems of Wind of Growth): Wu Jiang Da Ju (Do Not Push That Heavy Carriage)"*

鼓钟将将，淮水汤汤，忧心且伤。

Gǔ zhōng jiāng jiāng, huái shuǐ tāng tāng, yōu xīn qiě shāng.

淑人君子，怀允不忘。

Shū rén jūn zǐ, huái yǔn bú wàng.

鼓钟喈喈，淮水湝湝，忧心且悲。

Gǔ zhōng jiē jiē, huái shuǐ jiē jiē, yōu xīn qiě bēi.

淑人君子，其德不回。

Shū rén jūn zǐ, qí dé bù huí.

–《诗经 • 小雅 • 谷风之什 • 鼓钟》

– “Shī Jīng·xiǎo yǎ·gǔ fēng zhī shí·gǔ zhōng”

The drums and bells are clanging,
The Huai River is running,
But my heart is worrying.
Thinking of that distant gentleman,
Whom I cherish deeply and never forget.
The drums and bells are ringing,
The Huai River is flowing,
But my heart is grieving.
Thinking of that distant gentleman,
Who is completely virtuous and upright.

— *"Shi Jing (Classic of Poetry): Xiao Ya (Little Elegance): Gu Feng Zhi Shi (Ten Poems of Wind of Growth): Gu Zhong (Drums and Bells)"*

鸳鸯于飞，毕之罗之。

Yuān yāng yú fēi, bì zhī luó zhī.

君子万年，福禄宜之。

Jūn zǐ wàn nián, fú lù yí zhī.

鸳鸯在梁，戢其左翼。

Yuān yāng zài liáng, jí qí zuǒ yì.

君子万年，宜其遐福。

Jūn zǐ wàn nián, yí qí xiá fú.

–《诗经・小雅・甫田之什・鸳鸯》

– “Shī Jīng·xiǎo yǎ·fǔ tián zhī shí·yuān yāng”

The mandarin ducks fly in pairs,
Encountering big and small snares.
Wishing the gentleman a long life,
With good fortune and emolument.
The mandarin ducks rest on the beams,
With their mouths in their left wings.
Wishing the gentleman a long life,
With sustained health and happiness.

— *"Shi Jing (Classic of Poetry): Xiao Ya (Little Elegance): Fu Tian Zhi Shi (Ten Poems of Field with Vegetables): Yuan Yang (Mandarin Ducks)"*

骍骍角弓，翩其反矣。

Xīng xīng jiǎo gōng, piān qí fǎn yǐ.

兄弟婚姻，无胥远矣。

Xiōng dì hūn yīn, wú xū yuǎn yǐ.

尔之远矣，民胥然矣。

Ěr zhī yuǎn yǐ, mín xū rán yǐ.

尔之教矣，民胥效矣。

Ěr zhī jiào yǐ, mín xū xiào yǐ.

–《诗经 • 小雅 • 鱼藻之什 • 角弓》

– “Shī Jīng·xiǎo yǎ·yú zǎo zhī shí·jiǎo gōng”

Tighten the strings of the horn bow,
Reverse the loose ones.
Brothers and in-laws are all in the family,
Not to be distanced.
If you distance your relatives,
The people will all do so.
If you teach by example,
The people will all follow.

— *"Shi Jing (Classic of Poetry): Xiao Ya (Little Elegance): Yu Zao Zhi Shi (Ten Poems of Hornwort): Jiao Gong (Horn Bow)"*

隰桑有阿，其叶有难。

Xí sāng yǒu ē, qí yè yǒu nuó.

既见君子，其乐如何。

Jì jiàn jūn zǐ, qí lè rú hé.

隰桑有阿，其叶有沃。

Xí sāng yǒu ē, qí yè yǒu wò.

既见君子，云何不乐。

Jì jiàn jūn zǐ, yún hé bú lè.

–《诗经 • 小雅 • 鱼藻之什 • 隰桑》

– "Shī Jīng·xiǎo yǎ·yú zǎo zhī shí·xí sāng"

There are tender mulberry trees in the lowlands,
With lush leaves.
I have seen that gentleman,
How happy I am!
There are tender mulberry trees in the lowlands,
With fertile foliage.
I have seen that gentleman,
How can I be unhappy?!

— *"Shi Jing (Classic of Poetry): Xiao Ya (Little Elegance):*
Yu Zao Zhi Shi (Ten Poems of Hornwort):
Xi Sang (Lowlands Mulberry Trees)"

苕之华，芸其黄矣。

Sháo zhī huá, yún qí huáng yǐ.

心之忧矣，维其伤矣！

Xīn zhī yōu yǐ, wéi qí shāng yǐ!

牂羊坟首，三星在罶。

Zāng yáng fén shǒu, sān xīng zài liǔ.

人可以食，鲜可以饱！

Rén kě yǐ shí, xiān kě yǐ bǎo!

–《诗经·小雅·鱼藻之什·苕之华》

– “Shī Jīng·xiǎo yǎ·yú zǎo zhī shí·sháo zhī huá”

Chinese trumpet vines have bloomed,
With bright yellow flowers.
But my heart is feeling sad and worried,
Full of pain and sorrow!
The heads of ewes are large,
But the fish baskets reflect the stars.
People have food to eat,
But rarely can they fill their stomach!

— *"Shi Jing (Classic of Poetry): Xiao Ya (Little Elegance): Yu Zao Zhi Shi (Ten Poems of Hornwort): Shao Zhi Hua (Chinese Trumpet Vines)"*

命之不易，无遏尔躬。

Mìng zhī bú yì, wú è ěr gōng.

宣昭义问，有虞殷自天。

Xuān zhāo yì wèn, yǒu yú yīn zì tiān.

上天之载，无声无臭。

Shàng tiān zhī zài, wú shēng wú xiù.

仪刑文王，万邦作孚。

Yí xíng wén wáng, wàn bāng zuò fú.

–《诗经・大雅・文王之什・文王》

– "Shī Jīng·dà yǎ·wén wáng zhī shí·wén wáng"

One's destiny cannot be changed,
Do not separate yourself from heaven.
Spread a good reputation,
Be prudent and devoted to the will of heaven.
Heaven has always acted on itself this way,
Without sound or smell.
Follow the good example of King Wen,
All nations will be convinced.

— *"Shi Jing (Classic of Poetry): Da Ya (Great Elegance): Wen Wang Zhi Shi (Ten Poems of King Wen): Wen Wang (King Wen)"*

文王嘉止，大邦有子。

Wén wáng jiā zhǐ, dà bāng yǒu zǐ.

大邦有子，伣天之妹。

Dà bāng yǒu zǐ, qiàn tiān zhī mèi.

文定厥祥，亲迎于渭。

Wén dìng jué xiáng, qīn yíng yú wèi.

造舟为梁，不显其光。

Zào zhōu wéi liáng, bù xiǎn qí guāng.

–《诗经 • 大雅 • 文王之什 • 大明》

– “Shī Jīng·dà yǎ·wén wáng zhī shí·dà míng”

King Wen was happily preparing for
His marriage to an elegant lady.
The elegant lady had a beautiful face
That looked like a fairy.
The oracle indicated it was auspicious,
King Wen greeted her by the Wei River.
Boats were made as a network bridge,
The wedding ceremony was splendid.

— *"Shi Jing (Classic of Poetry): Da Ya (Great Elegance): Wen Wang Zhi Shi (Ten Poems of King Wen): Da Ming (Great Bright)"*

韩侯取妻，汾王之甥，蹶父之子。

Hán hóu qǔ qī, fén wáng zhī shēng, jué fù zhī zǐ.

韩侯迎止，于蹶之里。

Hán hóu yíng zhǐ, yú jué zhī lǐ.

百两彭彭，八鸾锵锵，不显其光。

Bǎi liǎng péng péng, bā luán qiāng qiāng, bù xiǎn qí guāng.

–《诗经·大雅·荡之什·韩奕》

– "Shī Jīng·dà yǎ·dàng zhī shí·hán yì"

A prince of Han was getting married,
The bridegroom was King Li's nephew,
The bride was Ji's eldest daughter.
The Prince of Han set out to greet his wife,
He came to the alley of Ji's home,
Where a hundred carriages were bustling,
And a string of bells was jingling.
The wedding was full of glory and splendor.

— *"Shi Jing (Classic of Poetry): Da Ya (Great Elegance): Dang Zhi Shi (Ten Poems of Swing): Han Yi (Great Han)"*

辟尔为德，俾臧俾嘉。

Pì ěr wéi dé, bǐ zāng bǐ jiā.

淑慎尔止，不愆于仪。

Shū shèn ěr zhǐ, bù qiān yú yí.

不僭不贼，鲜不为则。

Bú jiàn bù zéi, xiān bù wéi zé.

投我以桃，报之以李。

Tóu wǒ yǐ táo, bào zhī yǐ lǐ.

–《诗经 • 大雅 • 荡之什 • 抑》

– “Shī Jīng·dà yǎ·dàng zhī shí·yì”

Cultivate your virtue and character,
To make you lofty and better.
Be prudent in your words and deeds,
Do not disobey etiquette.
If you act within reasonable limits,
Others will follow your example.
If you send me a basket of peaches,
I will reciprocate with plums.

— *"Shi Jing (Classic of Poetry): Da Ya (Great Elegance): Dang Zhi Shi (Ten Poems of Swing): Yi (Prudence)"*

於穆清庙，肃雝显相。

Yú mù qīng miào, sù yōng xiǎn xiāng.

济济多士，秉文之德。

Jǐ jǐ duō shì, bǐng wén zhī dé.

对越在天，骏奔走在庙。

Duì yuè zài tiān, jùn bēn zǒu zài miào.

不显不承，无射于人斯！

Bù xiǎn bù chéng, wú shè yú rén sī!

–《诗经 • 周颂 • 清庙之什 • 清庙》

– “Shī Jīng·zhōu sòng·qīng miào zhī shí·qīng miào”

In the Imperial Ancestral Temple,
The worship looked tranquil and graceful.
All the worshippers lined up in a row,
To commemorate King Wen's virtues.
Facing King Wen's heavenly spirit,
They constantly ran around the temple.
His brilliance would be admired and inherited,
By generations to follow.

— *"Shi Jing (Classic of Poetry): Zhou Song (Eulogy of Zhou): Qing Miao Zhi Shi (Ten Poems of Imperial Ancestral Temple): Qing Miao (Imperial Ancestral Temple)"*

我将我享，维羊维牛，维天右之。

Wǒ jiāng wǒ xiǎng, wéi yáng wéi niú, wéi tiān yòu zhī.

我其夙夜，畏天之威，于时保之。

Wǒ qí sù yè, wèi tiān zhī wēi, yú shí bǎo zhī.

–《诗经 • 周颂 • 清庙之什 • 我将》

– "Shī Jīng·zhōu sòng·qīng miào zhī shí·wǒ jiāng"

I offer spiritual sacrifices,
Including sheep and cattle,
To pray for success.
I work every day and night,
Revering the power of heaven,
To grant me success.

— *"Shi Jing (Classic of Poetry): Zhou Song (Eulogy of Zhou): Qing Miao Zhi Shi (Ten Poems of Imperial Ancestral Temple): Wo Jiang (I Offer)"*

思文后稷，克配彼天。

Sī wén hòu jì, kè pèi bǐ tiān.

立我烝民，莫匪尔极。

Lì wǒ zhēng mín, mò fěi ěr jí.

贻我来牟，帝命率育。

Yí wǒ lái móu, dì mìng lǜ yù.

无此疆界，陈常时夏。

Wú cǐ jiāng jiè, chén cháng shí xià.

–《诗经 • 周颂 • 清庙之什 • 思文》

– “Shī Jīng·zhōu sòng·qīng miào zhī shí·sī wén”

The literary virtue of the King of Houji,
Could match that of heaven.
He stabilized all the people in the country,
And benefited everyone.
He gave grain, that heaven could use,
To make sacrificial offerings.
Despite the borders, the seed was cultivated,
Across Chinese territories.

— *"Shi Jing (Classic of Poetry): Zhou Song (Eulogy of Zhou): Qing Miao Zhi Shi (Ten Poems of Imperial Ancestral Temple): Si Wen (Literary Virtue)"*

陟彼景山，松柏丸丸。

Zhì bǐ jǐng shān, sōng bǎi wán wán.

是断是迁，方斫是虔。

Shì duàn shì qiān, fāng zhuó shì qián.

松桷有梴，旅楹有闲，寝成孔安。

Sōng jué yǒu chān, lǚ yíng yǒu xián, qǐn chéng kǒng ān.

–《诗经 • 商颂 • 殷武》

– "Shī Jīng·shāng sòng·yīn wǔ"

Climbing atop of the Prospect Hill,
The pines and cypresses are upright.
Cutting off and moving them away,
Peeling and making them perfect.
Long pines can form square rafters,
On top of spaced circular columns.
The Temple of Repose has been created,
For tranquil ancestral worship.

— *"Shi Jing (Classic of Poetry): Shang Song (Eulogy of Shang): Yin Wu (Wu Ding, King of the Shang Dynasty)"*

Part 3

Chinese Couplets on Life and Happiness

Chinese Couplets on Learning

上联：风声、雨声、读书声，声声入耳

下联：家事、国事、天下事，事事关心

– 顾宪成 (无锡东林书院首领)

Shàng lián: Fēng shēng, yǔ shēng, dú shū shēng, shēng shēng rù ěr

Xià lián: Jiā shì, guó shì, tiān xià shì, shì shì guān xīn

– Gù Xiànchéng (wúxī dōng lín shū yuàn shǒu lǐng)

The sounds of the wind, the rain, and the reading,
All enter my ears.
The affairs of the family, the state, and the world,
Everything I care.

– Gu Xiancheng (Head of Donglin Academy, Wuxi)

上联：台上一分钟

下联：台下十年功

Shàng lián: Tái shàng yì fēn zhōng

Xià lián: Tái xià shí nián gōng

One minute on the stage,

Ten years of hard work.

上联：十年寒窗无人问

下联：一举成名天下知

– 高明《琵琶记》

Shàng lián: Shí nián hán chuāng wú rén wèn

Xià lián: Yì jǔ chéng míng tiān xià zhī

– Gāo Míng “Pípá Jì”

Ten years of hard work but nobody asked,

Then fame came and the world knew.

– Gao Ming “Pipa Record”

上联：闲看门中月

下联：思耕心上田

Shàng lián: Xián kān mén zhōng yuè

Xià lián: Sī gēng xīn shàng tián

Leisurely watch the moon through the gate,

The mind cultivates the field in the heart.

上联：闲人免进贤人进

下联：盗者休来道者来

Shàng lián: Xián rén miǎn jìn xián rén jìn

Xià lián: dào zhě xiū lái Dào zhě lái

Virtuous people can enter the gate,

But not leisurely people.

Daoist disciples can come through the gate,

But not pirates.

上联：宝剑锋从磨砺出

下联：梅花香自苦寒来

– 明朝《警世贤文•勤奋篇》

Shàng lián: Bǎo jiàn fēng cóng mó lì chū

Xià lián: Méi huā xiāng zì kǔ hán lái

– Míng cháo "Jǐng Shì Xián Wén• Qín Fèn Piān"

The sword edge is sharp due to grinding,

The plum blossom is fragrant from the bitter cold.

– Ming dynasty "Worthy Articles to Caution the World"

上联：非淡泊无以明志

下联：非宁静无以致远

– 最早出自《淮南子》；

诸葛亮引用在他的《诫子书》中

Shàng lián: Fēi dàn bó wú yǐ míng zhì

Xià lián: Fēi níng jìng wú yǐ zhì yuǎn

– Zuì zǎo chū zì "Huái'nánzi";

Zhūgé Liàng yǐn yòng zài tā de "Jiè Zǐ Shū" zhōng

A person must have less desire to have a clear direction,

A person must be calm to reach a deep and far realm.

– Originally from Huai'nanzi; Zhuge Liang cited it in the *Admonition to His Son*

Chinese Couplets on the Spring

上联：天增岁月人增寿

下联：春满乾坤福满门

Shàng lián: Tiān zēng suì yuè rén zēng shòu

Xià lián: Chūn mǎn qián kūn fú mǎn mén

Heaven adds years to people and people grow old,

Spring is around and good fortune fills all households.

上联：千门万户曈曈日

下联：总把新桃换旧符

– 王安石《元日》

Shàng lián: Qiān mén wàn hù tóng tóng rì

Xià lián: Zǒng bǎ xīn táo huàn jiù fú

– Wáng Anshí "Yuán Rì"

Thousands of households watch the sunrise
on the first day of spring,
People always replace their old peach symbols
with the new couplets.

– Wang Anshi "New Year's Day"

上联：爆竹声声辞旧岁

下联：梅花朵朵迎新春

Shàng lián: Bào zhú shēng shēng cí jiù suì

Xià lián: Méi huā duǒ duǒ yíng xīn chūn

Firecrackers are sending off the Old Year,

Plum blossoms are welcoming the New Year.

上联：洞内依然旧景

下联：窗外已是新春

Shàng lián: Dòng nèi yī rán jiù jǐng

Xià lián: Chuāng wài yǐ shì xīn chūn

It is still the Old Scene inside the cave,

It is already New Year outside the window.

上联：三阳开泰

下联：万象更新

Shàng lián: Sān yáng kāi tài

Xià lián: Wàn xiàng gēng xīn

Spring comes in full form,

Everything is renewed.

上联：德如羔羊

下联：举国兴旺

Shàng lián: Dé rú gāo yáng

Xià lián: Jǔ guó xīng wàng

Be as virtuous as the lamb,

The land will be prosperous.

Chinese Couplets on Life

上联：琴棋书画诗酒花

下联：柴米油盐酱醋茶

Shàng lián: Qín qí shū huà shī jiǔ huā

Xià lián: Chái mǐ yóu yán jiàng cù chá

There are guqin, chess, calligraphy, painting, poetry, wine, and flowers (elements of a literati life in China). There are also firewood, rice, oil, salt, sauce, vinegar, and tea (elements of a commoner's life in China).

上联：黑白难分，教我怎知南北

下联：青黄不接，向你借点东西

Shàng lián: Hēi bái nán fēn, jiào wǒ zěn zhī nán běi

Xià lián: Qīng huáng bù jiē, xiàng nǐ jiè diǎn dōng xī

Black or white is hard to tell,
How can I know the north or south?
Crops are immature but grains are eaten,
Can I borrow from you?

上联：几间东倒西歪屋

下联：一个南腔北调人

– 徐渭，绍兴旧居青藤书屋楹联

Shàng lián: Jǐ jiān dōng dǎo xī wāi wū

Xià lián: Yí gè nán qiāng běi diào rén

– Xú Wèi, shàoxīng jiù jū qīng téng shū wū yíng lián

Several dilapidated rooms,

A person with mixed southern and northern accents.

– Xu Wei (1521–1593), Chinese dramatist, self-mocking couplets in the Ivy Reading Room of his old residence, Shaoxing

上联：年年岁岁花相似

下联：岁岁年年人不同

– 刘希夷《代悲白头翁》

Shàng lián: Nián nián suì suì huā xiāng sì

Xià lián: Suì suì nián nián rén bù tóng

– Liú Xīyí “Dài Bēi Bái Tóu Wēng”

Flowers are similar each year,

People are different every year.

– Liu Xiyi (c.651–c.680), “The Sorrowful White-Haired”

上联：忠厚传家久

下联：诗书继世长

– 苏轼《三槐堂铭》

Shàng lián: Zhōng hòu chuán jiā jiǔ

Xià lián: Shī shū jì shì cháng

– Sū Shì, "Sān Huái Táng Míng"

Honesty and tolerance can sustain a family,

Poetry and books can last long and spread widely.

– Su Shi (1037–1101), "Three-Eucalyptus Hall Inscription"

上联：清风明月本无价 – 欧阳修《沧浪亭》

下联：近水远山皆有情 – 苏舜钦《过苏州》

Shàng lián: Qīng fēng míng yuè běn wú jià

– Ouyáng Xiū, "Cāng Làng Tíng"

Xià lián: Jìn shuǐ yuǎn shān jiē yǒu qíng

– Sū Shùnqīn, "Guò Sūzhōu"

The light breezes and the bright moon are priceless,

The far mountains and near rivers all have feelings.

– The first half of the couplets is taken from Ouyang Xiu's (1007–1072) "Surging Waves Pavilion," and the second half of it is from Su Shunqin's (1008–1048) "Passing Through Suzhou"

上联：海纳百川，有容乃大

下联：壁立千仞，无欲则刚

– 林则徐

Shàng lián: Hǎi nà bǎi chuān, yǒu róng nǎi dà

Xià lián: Bì lì qiān rèn, wú yù zé gāng

– Lín Zéxú

The seas accommodate hundreds of rivers

with their large capacities.

The cliffs are standing upright,

Abandoning all selfish desires.

– Lin Zexu (1785–1850), scholar-official of the Qing dynasty

上联：因荷而得藕

下联：有杏不须梅

Shàng lián: Yīn hé ér dé ǒu

Xiàlián: Yǒu xìng bù xū méi

There is lotus because of the root,

There is apricot but no need of plum.

上联：踢破磊桥三块石

下联：剪开出字两重山

Shàng lián: Tī pò lĕi qiáo sān kuài shí

Xià lián: Jiăn kāi chū zì liăng chóng shān

Kicking the Lei bridge, it comes three stones

(The character 磊 Lei is comprised of three stones 石),

Cutting the Chu word, it comes two mountains

(The character 出 Chu contains two mountains 山).

上联：泉自几时冷起

下联：峰从何处飞来

Shàng lián: Quán zì jǐ shí lěng qǐ

Xià lián: Fēng cóng hé chù fēi lái

When did the spring water become cold?

Where did the peak fly from?

上联：易容容易

下联：难色色难

Shàng lián: Yì róng róng yì

Xià lián: Nán sè sè nán

It is easy to change a person’s looks,

It is difficult to solve tough problems.

Chinese Couplets on Happiness

上联：易曰乾坤定矣 – 《易经》

下联：诗云钟鼓乐之 – 《诗经》

Shàng lián: Yì yuē qián kūn dìng yǐ – "Yì Jīng"

Xià lián: Shī yún zhōng gǔ yuè zhī – "Shī Jīng"

The Book of Changes says:

Heaven and earth have settled.

The Book of Poetry says:

Let's beat the drums to celebrate it.

上联：大腹能容，容天下难容之事

下联：开口常笑，笑天下可笑之人

– 佛教楹联

Shàng lián: Dà fū néng róng, róng tiān xià nán róng zhī shì

Xià lián: Kāi kǒu cháng xiào, xiào tiān xià kě xiào zhī rén

– Fó jiào yíng lián

Have a big capacity to accommodate

The world's unbearable things,

Laugh often at the world's ridiculous people.

– Buddhist Couplets

上联：春夏秋冬季季呈祥

下联：四面八方处处得福

Shàng lián: Chūn xià qiū dōng jì jì chéng xiáng

Xià lián: Sì miàn bā fāng chù chù dé fú

Spring, summer, autumn, winter,
Every season is auspicious.
East, south, west, north,
Everywhere is blessed.

上联：东成西就全家福

下联：南通北达多呈祥

Shàng lián: Dōng chéng xī jiù quán jiā fú

Xià lián: Nán tōng běi dá duō chéng xiáng

Eastern accomplishments and Western success,

Are a family portrait.

Southern thoroughfares and Northern paths,

Are all for prosperity.

上联：三星白兰地

下联：五月黄梅天

Shàng lián: Sān xīng bái lán dì

Xià lián: Wǔ yuè huáng méi tiān

The three stars means the youngest Brandy,

The fifth lunar month is Plum Rain season.

上联：福不双至今朝至

下联：祸不单行昨夜行

Shàng lián: Fú bù shuāng zhì jīn zhāo zhì

Xià lián: Huò bù dān xíng zuó yè xíng

Good fortune does not come in pairs,
But they came this morning.
Misfortune does not come alone,
And it went away last night.

Part 4

Chinese Poems on Four Cardinal Vices

酒色财气

Jiǔ sè cái qì

佛印禅师 (林了元 Lín Liǎoyuán, 1032–1098)

酒色财气四堵墙，
Jiǔ sè cái qì sì dǔ qiáng,
人人都在里边藏，
Rén rén dōu zài lǐ biān cáng,
谁能跳出圈外头，
Shuí néng tiào chū quān wài tou,
不活百岁寿也长。
Bù huó bǎi suì shòu yě cháng.

Four Cardinal Vices

Lin Liaoyuan (1032–1098)

Wine, women, wealth, and temper are like four walls,
Everyone is hiding inside.
Whoever can jump out of the walls,
Who can live a long life even not one hundred years.

酒色财气

Jiǔ sè cái qì

苏轼 (Sū Shì, 1037–1101)

饮酒不醉是英豪，
Yǐn jiǔ bú zuì shì yīng háo,
恋色不迷最为高，
Liàn sè bù mí zuì wéi gāo,
不义之财不可取，
Bú yì zhī cái bù kě qǔ,
有气不生气自消。
Yǒu qì bù shēng qì zì xiāo.

Four Cardinal Vices

Su Shi (1037–1101)

Drink but not drunk is a hero,
Love but not lust is the highest.
Ill-gotten wealth should not be taken,
Anger but not temper should go away.

酒色财气

Jiǔ sè cái qì

王安石 (Wáng Ānshí, 1021–1086)

无酒不成礼仪，
Wú jiǔ bù chéng lǐ yí,
无色路断人稀，
Wú sè lù duàn rén xī,
无财民不奋发，
Wú cái mín bú fèn fā,
无气国无生机。
Wú qì guó wú shēng jī.

Four Cardinal Vices

Wang Anshi (1021–1086)

There would be no etiquette without wine,
Path would be cut and people sparse without women.
People would not work hard without wealth,
The country would be lifeless without *qi*.

酒色财气

Jiŭ sè cái qì

宋神宗 (赵顼 Zhào Xū, 1048–1085)

酒助礼乐社稷康，
Jiŭ zhù lĭ yuè shè jì kāng,
色育生灵重纲常，
Sè yù shēng líng zhòng gāng cháng,
财足粮丰家国盛，
Cái zú liáng fēng jiā guó shèng,
气凝太极定阴阳。
Qì níng tài jí dìng yīn yáng.

Four Cardinal Vices

Zhao Xu (1048–1085)

Wine helps with rituals and music,
That makes a country healthy,
Women give birth to lives,
And emphasize moral principles.
Wealth and food are abundant,
And the country is prosperous.
Qi solidifies *taiji*,
And sets the *yin* and *yang*.

www.ingramcontent.com/pod-product-compliance
Lightning Source LLC
Chambersburg PA
CBHW071001180726
48291CB00004B/1391

* 9 7 8 1 7 7 8 2 8 6 1 8 6 *